This notebook
belongs to:

____

- -

____

____

- -

____

Alpaca

A B C D E F G H I J K L M N O P Q R S T U V W X Y Z

alligator

a a a a a a a a

a

a b c d e f g h i j k l m n o p q r s t u v w x y z

Bear

B

A (B) C D E F G H I J K L M N O P Q R S T U V W X Y Z

bee

a (b) c d e f g h i j k l m n o p q r s t u v w x y z

Camel

A B **C** D E F G H I J K L M N O P Q R S T U V W X Y Z

cat

a b (c) d e f g h i j k l m n o p q r s t u v w x y z

Deer

D

A B C (D) E F G H I J K L M N O P Q R S T U V W X Y Z

dog

d   d   d   d   d   d   d

d

a b c （d） e f g h i j k l m n o p q r s t u v w x y z

Elephant

A B C D (E) F G H I J K L M N O P Q R S T U V W X Y Z

elk

e e e e e e

e

a b c d (e) f g h i j k l m n o p q r s t u v w x y z

Fox

frog

a b c d e (f) g h i j k l m n o p q r s t u v w x y z

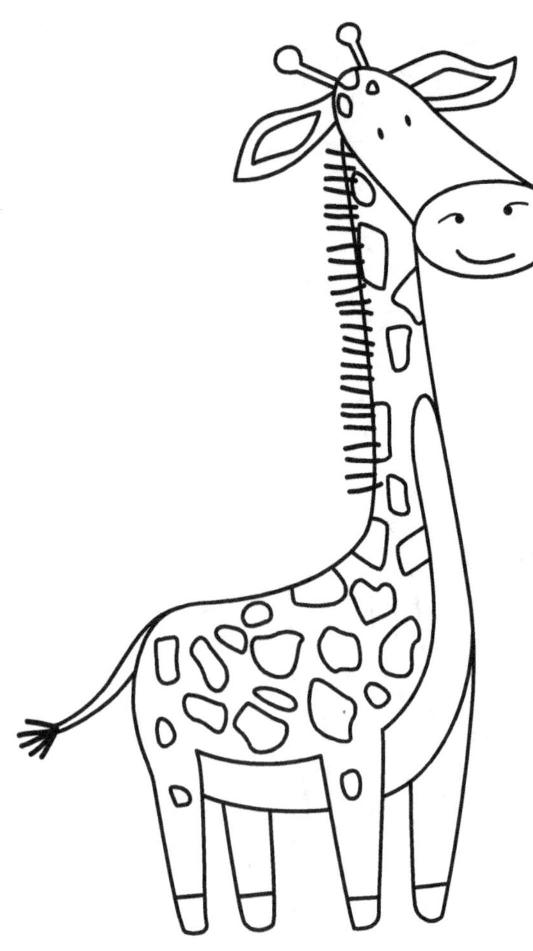

Giraffe

G

goat

g g g g g g g g g

g

A B C D E F G (H) I J K L M N O P Q R S T U V W X Y Z

hippopotamus

a b c d e f g (h) i j k l m n o p q r s t u v w x y z

Indri

l l l l l l

l

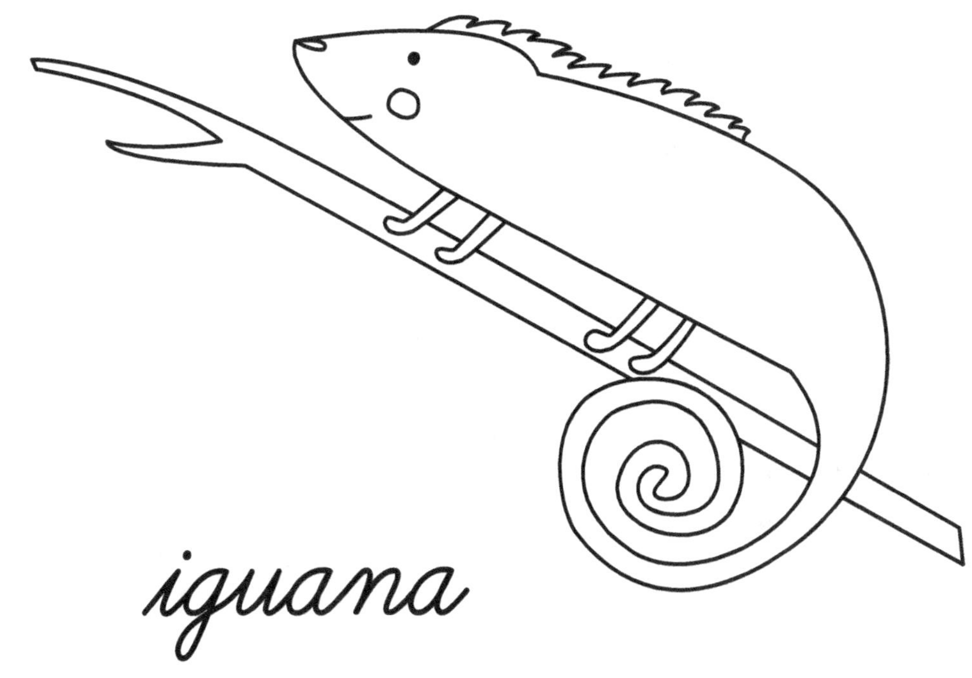

iguana

a b c d e f g h (i) j k l m n o p q r s t u v w x y z

Jaguar

A B C D E F G H I (J) K L M N O P Q R S T U V W X Y Z

jellyfish

a b c d e f g h i (j) k l m n o p q r s t u v w x y z

Kangaroo

A B C D E F G H I J (K) L M N O P Q R S T U V W X Y Z

koala

k

a b c d e f g h i j (k) l m n o p q r s t u v w x y z

L L L L L L L
L

A B C D E F G H I J K (L) M N O P Q R S T U V W X Y Z

lemur

Monkey

M m m m m m m
m

A B C D E F G H I J K L (M) N O P Q R S T U V W X Y Z

mouse

$\mathcal{M}$ $\mathcal{m}$ $\mathcal{m}$ $\mathcal{m}$ $\mathcal{m}$ $\mathcal{m}$ $\mathcal{m}$

$\mathcal{m}$

a b c d e f g h i j k l (m) n o p q r s t u v w x y z

numbat

A B C D E F G H I J K L M (N) O P Q R S T U V W X Y Z

nutria

a b c d e f g h i j k l m (n) o p q r s t u v w x y z

Octopus

A B C D E F G H I J K L M N O P Q R S T U V W X Y Z

otter

a b c d e f g h i j k l m n o p q r s t u v w x y z

Panda

A B C D E F G H I J K L M N O (P) Q R S T U V W X Y Z

penguin

p   p   p   p   p   p   p   p

a b c d e f g h i j k l m n o (p) q r s t u v w x y z

Quail

A B C D E F G H I J K L M N O P Q R S T U V W X Y Z

quokka

q   q   q   q   q   q   q

q

Raccoon

$\vec{R}$

A B C D E F G H I J K L M N O P Q (R) S T U V W X Y Z

rabbit

a b c d e f g h i j k l m n o p q (r) s t u v w x y z

Squirrel

A B C D E F G H I J K L M N O P Q R (S) T U V W X Y Z

sloth

a b c d e f g h i j k l m n o p q r (s) t u v w x y z

Turtle

tiger

t   t   t   t   t   t

t

a b c d e f g h i j k l m n o p q r s (t) u v w x y z

Unicorn

$\mathcal{U}$ $\mathcal{U}$ $\mathcal{U}$ $\mathcal{U}$ $\mathcal{U}$ $\mathcal{U}$

A B C D E F G H I J K L M N O P Q R S T (U) V W X Y Z

urchin

a b c d e f g h i j k l m n o p q r s t (u) v w x y z

Vulture

A B C D E F G H I J K L M N O P Q R S T U V W X Y Z

vampire-bat

a b c d e f g h i j k l m n o p q r s t u (v) w x y z

Wolf

$\mathcal{W}$ $\mathcal{W}$ w w w w

w

A B C D E F G H I J K L M N O P Q R S T U V (W) X Y Z

a b c d e f g h i j k l m n o p q r s t u v w x y z

X-ray fish

A B C D E F G H I J K L M N O P Q R S T U V W (X) Y Z

xerus

a b c d e f g h i j k l m n o p q r s t u v w (x) y z

Yorkshire
Terrier

Y Y Y Y Y Y
Y

A B C D E F G H I J K L M N O P Q R S T U V W X Y Z

yak

a b c d e f g h i j k l m n o p q r s t u v w x (y) z

A B C D E F G H I J K L M N O P Q R S T U V W X Y Z

zebra

a b c d e f g h i j k l m n o p q r s t u v w x y **z**

THE ALPHABET

Aa Bb Cc Dd Ee

Ff Gg Hh Ii Jj

Kk Ll Mm Nn Oo

Pp Qq Rr Ss Tt

Uu Vv Ww Xx Yy

Zz

CERTIFICATE of ACHIEVEMENT

Presented to:

____

Congratulations! You dit it!
Now you know how to write the letters.

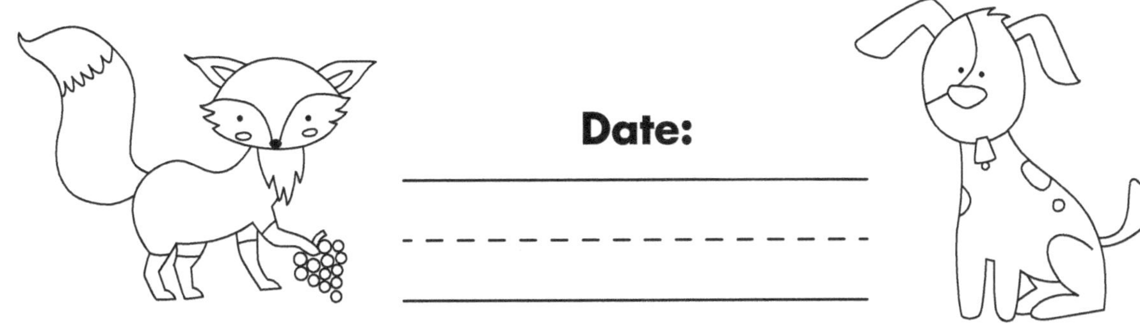

Date:

____

Designed with love by